UNE

MISSION GÉOGRAPHIQUE

DANS

LES ARCHIVES D'ESPAGNE

ET DE PORTUGAL

1862-1863

FRAGMENTS LUS A LA SOCIÉTÉ DE GÉOGRAPHIE

DANS SA SÉANCE GÉNÉRALE DU 15 AVRIL 1864

PAR

M. ALFRED DEMERSAY

DE LA COMMISSION CENTRALE DE CETTE SOCIÉTÉ,

DE L'INSTITUT HISTORIQUE ET GÉOGRAPHIQUE DU BRÉSIL,

DE LA SOCIÉTÉ ARCHÉOLOGIQUE DE L'ORLÉANAIS,

DOCTEUR EN MÉDECINE, ETC., ETC.

PARIS

LIBRAIRIE DE L. HACHETTE ET Cie

BOULEVARD SAINT-GERMAIN, 77

1864

UNE

MISSION GÉOGRAPHIQUE

DANS

LES ARCHIVES D'ESPAGNE

ET DE PORTUGAL

1862-1863

LISTE DES PRÉSIDENTS HONORAIRES

DE LA SOCIÉTÉ GÉOGRAPHIQUE DE PARIS (1).

MM.	MM.	MM.
* Marquis de LAPLACE.	GUIZOT.	Le vice-amiral LA PLACE.
* Marquis de PASTORET.	* DE SALVANDY.	* Hippolyte FORTOUL.
* Vte de CHATEAUBRIAND.	* Baron TUPINIER.	LEFEBVRE-DURUFLÉ.
* Cte CHABROL DE VOLVIC.	Comte JAUBERT.	GUIGNIAUT.
* BECQUEY.	* Baron de LAS CASES.	* DAUSSY.
* Cte CHABROL DE CROUSOL.	VILLEMAIN.	Le général DAUMAS.
* Baron Georges CUVIER.	* CUNIN-GRIDAINE.	ÉLIE DE BEAUMONT.
* Bon HYDE DE NEUVILLE.	* L'amiral baron ROUSSIN.	S. Exc. M. ROULAND.
* Duc de DOUDEAUVILLE.	* L'am. baron de MACKAU.	S. Exc. l'am. DESFOSSÉS.
* Comte D'ARGOUT.	* Bon ALEX. DE HUMBOLDT.	Le comte de GROSSOLES-
* J. B. EYRIÉS.	* Le vice-amiral HALGAN.	FLAMARENS.
* Le vice-amiral de RIGNY.	* Baron WALCKENAER.	S. Exc. M. le duc de PER-
* Le cont.-am. D'URVILLE.	* Comte MOLÉ.	SIGNY.
* Duc DECAZES.	DE LA ROQUETTE.	Le contre-amiral de LA
* Comte de MONTALIVET.	* JOMARD.	RONCIÈRE LE NOURY.
Baron de BARANTE.	DUMAS.	S. Exc. M. le comte WA-
* Le général baron PELET.	Le contre-amir. MATHIEU.	LEWSKI.

COMPOSITION DU BUREAU DE LA SOCIÉTÉ

POUR 1864-1865.

Président. . . . . . . S. Exc. M. le comte DE CHASSELOUP-LAUBAT, ministre de la marine et des colonies.

Vice-Présidents
- M. DE SAULCY, sénateur, membre de l'Institut.
- M. le contre-amiral PÂRIS, membre de l'Institut.

Scrutateurs. . .
- M. MICHEL CHEVALIER, sénateur, membre de l'Institut.
- M. FERDINAND DE LESSEPS.

Secrétaire. . . . . . M. RICHARD CORTAMBERT.

TRÉSORIER DE LA SOCIÉTÉ :

M. MEICXEN, notaire, rue Saint-Honoré, 370.

AGENCE :

Au siége de la Société, rue Christine, 3.

M. N. NOIROT, agent.
M. A. NOIROT, adjoint.
M. CH. AUBRY, commis.

(1) La Société a perdu tous les Présidents dont les noms sont précédés d'un *.

UNE

MISSION GÉOGRAPHIQUE

DANS

LES ARCHIVES D'ESPAGNE

ET DE PORTUGAL

1862-1863

FRAGMENTS LUS A LA SOCIÉTÉ DE GÉOGRAPHIE

DANS SA SÉANCE GÉNÉRALE DU 15 AVRIL 1864

PAR

M. ALFRED DEMERSAY

DE LA COMMISSION CENTRALE DE CETTE SOCIÉTÉ,

DE L'INSTITUT HISTORIQUE ET GÉOGRAPHIQUE DU BRÉSIL,
DE LA SOCIÉTÉ ARCHÉOLOGIQUE DE L'ORLÉANAIS,
DOCTEUR EN MÉDECINE, ETC., ETC.

PARIS

LIBRAIRIE DE L. HACHETTE ET Cⁱᵉ

BOULEVARD SAINT-GERMAIN, 77

1864

EXTRAIT DU BULLETIN DE LA SOCIÉTÉ DE GÉOGRAPHIE

(juin 1864).

AVANT-PROPOS

La Société de Géographie a tenu sa première séance générale de 1864, le 15 avril, sous la présidence de M. le comte Walewski, ancien ministre et senateur.

A l'occasion de cette réunion, les membres du Bureau de la Commission Centrale ont pensé que la Mission scientifique que je suis allé remplir en Espagne et en Portugal au cours des années 1862 et 1863, pouvait fournir les éléments d'une lecture publique. J'ai cédé, un peu à regret, à ce désir si honorable pour moi. J'ai donc rassemblé à la hâte quelques souvenirs de voyage, et j'y ai joint des extraits de mes *Rapports* à M. le Ministre d'État, en éliminant les passages qui par des détails techniques, ou leur spécialité, n'auraient offert qu'un médiocre intérêt à l'auditoire nombreux qui m'a fait l'honneur de m'écouter.

Je livre aujourd'hui à l'impression ce travail forcément incomplet, et dont je suis loin de me dissimuler les imperfections trop réelles.

Je n'ignore pas que ces courtes explications réclament elles-mêmes un complément. Il est d'usage à peu près général que le récit d'un voyageur s'ouvre par des remercîments adressés aux quelques amis qu'il a laissés à l'étranger, et qu'il fasse suivre de leurs noms l'expression de sa gratitude. Je demande à être dispensé de remplir la seconde partie de ce programme. Je conserve un précieux souvenir de toutes les personnes qui, soit en Espagne, soit en Portugal, m'ont accueilli avec bienveillance, et se sont empressées de me venir en aide dans l'accomplissement de la tâche qui m'avait été confiée. La liste en est longue. J'éprouverais un embarras véritable pour la commencer ; j'en éprouverais un plus grand pour la finir.

Les deux nations Péninsulaires, trop peu con-

nues, souvent mal appréciées, méritent les plus
vives sympathies de la France. Elles renferment des
éléments de prospérité matérielle et morale encore
recouverts de la poussière du passé, mais que féconde
peu à peu le souffle vivifiant d'une sage liberté. Le
Portugal a rencontré parmi nous, lors de l'entre-
prise chevaleresque de l'empereur Don Pedro Ier,
le plus énergique concours ; et l'Espagne, l'alliée
naturelle de la France, l'Espagne, a dit un illustre
orateur, « est une nation fière, généreuse, dont la for-
tune a fléchi quelquefois, mais le cœur, jamais » (1).

Paris, juin 1864.

(1) M. THIERS, séance du Corps législatif du 27 janvier 1864.

UNE
MISSION GÉOGRAPHIQUE
DANS
LES ARCHIVES D'ESPAGNE ET DE PORTUGAL

FRAGMENTS LUS A L'ASSEMBLÉE GÉNÉRALE DU 15 AVRIL 1864

PAR M. ALFRED DEMERSAY [1].

Messieurs,

En déposant, au mois de décembre dernier, sur le bureau de la Société réunie en assemblée générale, les livraisons II, III et IV de l'*Atlas* qui accompagne mon *Histoire du Paraguay et des Établissements des Jésuites*, j'avais espéré pouvoir vous offrir en même temps le second volume du texte de cette *Histoire*. Un nouveau voyage a retardé sa publication maintenant très-prochaine; et c'est de ce voyage, Messieurs, que je vais avoir l'honneur de vous entretenir.

Vous le savez déjà, je ne dois ni vous décrire les

[1] Les passages guillemetés de ce compte-rendu sont extraits textuellement des *Rapports* adressés par l'auteur à M. le Ministre d'État dans le cours de sa Mission.

scènes grandioses de la nature américaine, un peu monotone dans sa majestueuse immobilité ; ni vous initier aux dures fatigues et aux dangers d'une expédition à travers cette terre d'Afrique qui dévore chaque année tant de voyageurs intrépides, et ne nous en rend quelques-uns que de loin en loin, et comme à regret. Il s'agit de jeter en courant un coup-d'œil sur les Archives de la Péninsule : mais si mon sujet est moins vaste et plus modeste, ma tâche — je m'en félicite pour vous – sera en même temps plus facile.

I.

Un voyage en Espagne n'est plus, de nos jours, hérissé de ces obstacles et de ces dangers qu'une imagination trop impressionnable rêvait encore il y a seulement un demi-siècle. Plus de routes sans issues, de repas impossibles (car les antiques *posadas* s'y sont transformées en hôtels à peu près passables) ; plus de longues nuits sans sommeil durant lesquelles la morsure d'affreux insectes vous rappelait les souvenirs cuisants du collége. Chaque buisson ne recèle plus l'escopette du mendiant dont la voix dolente arracha quelques maravédis au pauvre Gil-Blas sur le chemin de Peñaflor. On voyage presque partout en diligence, sur beaucoup de points en chemin de fer, et sur toutes les routes avec la sécurité la plus entière, grâce à l'admirable institution d'une garde civile composée de soldats d'élite et infatigables. Ces heureux changements, les amateurs d'émotions vives peuvent les déplorer ; mais le touriste paisible, en quête de quelque poudreux manuscrit, ne s'en plaindra pas. Parfois, d'ailleurs, les voitures y versent — j'en sais quelque chose — et comme partout, les wagons s'y heurtent et se brisent dans d'effroyables collisions ; mais, à cela près, on arrive.

En France, Messieurs, où le goût des voyages commence à se répandre, grâce aux voies nouvelles et merveilleuses de communication, nous ne possédons encore que des notions assez imparfaites sur les établissements scientifiques de nos voisins, sur leur importance, la nature et l'étendue de leurs richesses, et sur le personnel appelé à les diriger.

A tous ces titres, la Péninsule est digne de figurer au premier rang des pays méconnus dont je parle. Et cependant, Messieurs, combien sont immenses ses richesses, multipliés les dépôts qui les renferment, et zélés les hommes savants et modestes qui, là-bas comme ici, ont accepté, au prix d'un traitement modique, la tâche laborieuse de les mettre en ordre, d'en dresser l'inventaire et de veiller à leur conservation !

C'est surtout,—et pour l'auditoire qui me fait l'honneur de m'écouter cette assertion n'a pas besoin d'être démontrée, — c'est surtout lorsqu'il s'agit de la géographie et de l'histoire du Nouveau-Monde que les documents abondent, et que l'on éprouve très-sérieusement l'embarras des richesses. Si l'Espagne a découvert l'Amérique, un peu malgré elle, il faut bien le dire, l'audacieuse nation portugaise l'avait précédée dans la carrière des découvertes qui couronne si glorieusement la fin du xve siècle : elle ne tarda pas à se retrouver côte à côte avec sa rivale ; et dans le Nouveau comme sur l'Ancien-Continent, une antipathie séculaire, déraisonnable, continua à diviser deux peuples « pour lesquels, selon la belle expression de Montesquieu, il semblait que l'univers s'étendît. »

Ce fut dans l'Amérique du Sud, et pour préciser davantage un point sur l'immense continent austral, ce fut entre les provinces du Rio de la Plata et ce vaste empire du Brésil dont l'étendue surpasse douze fois celle de la France, que la lutte éclata vive et acharnée, en même temps que dans l'archipel des Moluques, aux antipodes de la vieille Europe. Faut-il rappeler ici ces traités nombreux, scellés de promesses solennelles, souvent sanctionnés par le pouvoir alors incontesté du chef de l'Église, mais plus souvent encore restés à l'état de lettre morte ; qui semblaient n'avoir pour but que d'amener des trèves pendant lesquelles chaque puissance cherchait à s'agrandir, à s'adjuger sans bruit des provinces grandes comme des royaumes, et à ruiner par une contrebande effrénée le commerce de sa rivale ?

Si les faits généraux de l'histoire du Sud-Amérique nous sont connus, au moins dans leur relief le plus saillant, il n'en est pas ainsi des détails, et pour les causes plus ou moins cachées ou avouables qui les ont amenés. Dès longtemps l'homme d'État qui nous préside avait acquis cette conviction. Pendant une mission diplomatique dont les Français des bords de la Plata n'ont pas perdu le souvenir — car elle fut consacrée tout entière à la défense de leurs personnes et de leurs biens contre les cruautés et les spoliations d'un despote — il avait pu se convaincre de l'intérêt que présenterait une exploration des archives péninsulaires ; et redevenu ministre, avec le département des sciences et des lettres dans ses attributions, il voulut bien me confier le soin de rechercher en Espagne et en Portugal les documents relatifs à l'histoire de la géographie Sud-Américaine, et à celle de la domination des deux puissances au delà de l'Océan. Au mois de novembre 1862, je me rendis à Toulon, porteur d'un ordre d'embarquement sur un navire de l'État qui devait faire voile pour les côtes de la Péninsule ; mais menacé des ennuis d'une longue attente, je n'hésitai pas à modifier mon itinéraire ; et revenu à Marseille, je débarquais bientôt à Barcelone, après avoir enduré pendant trente heures les douleurs aiguës de la plus pénible traversée.

II.

Sans évoquer le glorieux passé de la capitale de la Catalogne, sans vouloir tenter une description des monuments qui l'attestent, j'arrive tout de suite à vous parler de ses établissements scientifiques, et je vous demande, sans préambule, la permission de vous introduire sous les voûtes antiques du palais des vice-rois, qui abritent, depuis 1852, les *Archives générales du royaume d'Aragon*.

Les documents historiques que renferme ce précieux dépôt sont classés dans trois divisions principales :

Dietarios, c'est le journal des événements de chaque jour ;

Deliberaciones, actes, cédules ou décisions des rois;

Registros, collection de la correspondance, lettres écrites et reçues.

C'est de propos délibéré, Messieurs, que sans mot dire de l'histoire des Archives d'Aragon (1), je vous ai fait connaître la classification générale des pièces qu'elles renferment; car ce n'est pas sans émotion qu'un géographe parcourt le recueil des *Dietarios*. Vous savez tous avec quelle déférence empressée les souverains de

---

(1) On en doit la réorganisation à D. Prospero de Bofarull y Mascaró, un des savants dont s'honore le plus l'Espagne, et qui a consacré quarante années d'une vie laborieuse (de 1815 à 1854), aux fonctions de *Archivero y Chronista de la corona de Aragon*. Né à Reus le 31 août 1777, Bofarull est mort le 29 décembre 1859, après avoir eu la satisfaction de les voir passer, quelques années auparavant, dans les mains de son fils D. Manuelo.

La volumineuse et si utile compilation de D. Pascual Madoz (*Diccionario geografico-estadistico-historico de España*, 16 vol. in-4°), contient l'historique de cet établissement, dû à la plume de celui auquel revient l'honneur de l'avoir arraché au désordre et à la ruine. Son fils a dressé à son tour l'inventaire de ces archives dans un *Mémoire* lu le 18 décembre 1853, lors de l'inauguration du nouveau local. Enfin, M. Tiran, aujourd'hui consul de France à Valence, a publié, en 1844, un travail sur les *Archives d'Aragon et de Simancas*, travail qui témoigne d'une connaissance profonde des documents entassés dans ces deux établissements.

Castille et d'Aragon accueillirent Christophe Colomb au retour du voyage mémorable qui venait d'ajouter un monde à leur glorieuse couronne. A peine arrivé de Palos à Séville, l'amiral y avait reçu de Ferdinand et d'Isabelle l'invitation pressante de venir les rejoindre à Barcelone où ils se trouvaient alors. Oviedo, Herrera, Las Cazas, ont décrit en historiens contemporains la marche triomphale de l'immortel Génois à travers les provinces de l'Espagne, et l'ont comparée à celle d'un empereur romain. Washington Irving, le plus complet de ses historiens, et après lui un poëte illustre, M. de Lamartine, leur ont emprunté le récit de cette touchante entrevue :

« Ce fut vers le milieu du mois d'avril que Colomb arriva à Barcelone, où tout avait été préparé pour lui faire la réception la plus solennelle et la plus magnifique. Comme il approchait de la ville, un grand nombre d'hidalgos et de jeunes courtisans vinrent à sa rencontre, suivis d'un grand concours de peuple, pour le féliciter... Les Indiens ouvraient la marche ; ils étaient peints de diverses couleurs, suivant la mode de leur pays, et ils étaient parés des ornements d'or de leur nation. Immédiatement après eux on portait différentes sortes de perroquets vivants, ainsi que des oiseaux et des animaux empaillés d'espèces inconnues, et des plantes rares auxquelles on supposait des vertus précieuses. On étalait aussi aux regards du public des bracelets indiens, et d'autres ornements d'or qui pouvaient donner une haute idée de la richesse des régions nouvellement découvertes. Colomb, monté sur un cheval du roi, richement caparaçonné, paraissait ensuite escorté d'une nombreuse cavalcade de courtisans et de gentilshommes. Tous les regards se concentraient sur cet homme inspiré de Dieu qui avait soulevé le premier le rideau de l'Océan. La beauté de ses traits, la majesté pensive de sa physionomie, la vigueur de l'éternelle jeunesse, jointe à la gravité des années déjà mûres, la pensée sous l'action, la force sous les cheveux blancs, faisaient en ce moment de Colomb une figure de prophète et de héros biblique... Isabelle et Ferdinand le reçurent sur leur trône, voilé du soleil par un dais d'or. Ils se levèrent devant lui comme devant un envoyé du ciel. Ils le firent asseoir ensuite au niveau de leur trône, et ils écoutèrent le récit solennel et circonstancié de ses voyages. »

Eh bien, le dirai-je ? dans le recueil tenu au courant des faits de chaque jour, on ne trouve rien qui ait trait à un événement qui passionna si vivement peudant plusieurs semaines la ville de Barcelone. Pour ma part, j'aime mieux croire à une lacune que de plus heureuses investigations feront disparaître, que de renoncer à la satisfaction que procure le consolant spectacle de ces hommages rendus par une cour esclave jusqu'au ridicule des puérilités de l'étiquette, à un noble cœur qui fut le plus grand génie des temps modernes.

La bibliothèque épiscopale, ouverte au public, renferme, à côté d'une intéressante collection de médailles romaines et provinciales, des ouvrages nombreux, mais qui par leur nature ne rentraient pas dans la spécialité de mes recherches.

Je fus plus heureux dans la bibliothèque publique de l'Université, où parmi plusieurs ouvrages assez rares relatifs à l'Amérique méridionale, j'en trouvai un écrit en latin, par un jésuite, et publié à Faenza en 1793. Cette date, la condition de l'auteur, vous expliqueront de reste comment je l'avais poursuivi, mais en vain, dans les collections pourtant si riches de Paris. A Poitiers, où l'on m'avait signalé sa présence, je n'avais pas été plus heureux. C'est à Rome, en 1860, au Gésu, que je rencontrai cet ouvrage fort important pour l'histoire du Paraguay. En effet, l'auteur y donne le plan fidèle d'une Réduction guaranie dans l'état où ces établissements célèbres existaient entre les mains de leurs fondateurs. Reproduire ce dessin à côté de ceux qui représentent les ruines si remarquables encore des monuments jésuitiques, me paraissait chose intéressante; et, sans perdre de temps, j'en fis une copie qui figurait quelques mois plus tard dans la IV° livraison de mon *Atlas*.

III.

De Barcelone, je me dirigeai vers Madrid en passant par Valence, où je jetai un coup d'œil rapide sur les manuscrits italiens donnés par Fernando de **Aragon**, duc de Calabria, au couvent de San Miguel de los Reyes, et que garde précieusement enfermés dans ses vitrines la bibliothèque de l'Université; et sur quelques raretés bibliographiques, parmi lesquelles je citerai seulement l'unique exemplaire de la première œuvre sortie des presses de l'Espagne en 1474 (c'est un poëme sur la conception de la Vierge) ; et le roman fameux de Tyran le Blanc (*Tirant lo Blanc*), ouvrage de chevalerie écrit en langue d'Oc, et imprimé à Valence en 1490. Des autres exemplaires jusqu'ici connus de ce livre, l'un est en Angleterre, et M. Salamanca, l'opulent banquier de Madrid, possède le troisième.

Entre la capitale de la Catalogne et celle de l'ancien royaume de Valence, le trajet se fait encore en voiture ; mais de cette dernière ville les voies rapides vous transportent en douze heures dans la capitale des Espagnes, à travers ces riants vergers qui portent le nom de *Huerta*, et auxquels succèdent trop tôt les plaines nues et désolées de la Manche que le roman de l'immortel Cervantes a rendues si célèbres (1). Ces vergers, personne ne l'ignore, sont complantés d'orangers, de cet arbre, aussi remarquable par la suavité de ses fleurs et par l'excellence de son bois, que par les qualités de ses fruits. Ici, de même qu'en Amérique, j'ai pu constater, malgré la course vertigineuse de la locomotive, que sous ces beaux arbres le sol restait net et dépourvu de plantes parasites. On a cherché, permettez-moi cette digression, on a cherché à expliquer cette absence de végétation que l'on retrouve dans les bois de Conifères. Faut-il l'attribuer aux émanations de l'oranger, à l'acidité du suc des fruits qui s'en détachent et imbibe le sol? Cette propriété singulière, cette *intolérance*, s'il est permis de se servir de cette expression, a fait appeler ces arbres si précieux, par un voyageur d'ailleurs instruit,

(1) *Manche*, du mot arabe *manxa*, qui signifie *desséché*.

dans un langage d'un goût équivoque, les *Aristocrates du règne végétal!*

Le paysage aux environs de Madrid ne change pas d'aspect; c'est toujours la même aridité. Rien n'annonce les approches d'une capitale. En Espagne, on ne rencontre pas, comme dans toutes les contrées de l'Europe, de nombreuses habitations, des villas, groupées aux abords des grands centres de population. A l'exception des arbres vigoureux qui environnent l'oasis d'Aranjuez, et des jardins qui entourent cette résidence royale, rien ne vient rompre la monotonie du paysage dans l'immensité duquel l'œil fatigué du voyageur cherche en vain un édifice, pour se reposer. Madrid a été choisi pour capitale par Philippe II, et de toutes les créations, je dirais de tous les caprices de cette volonté de fer, c'est la seule chose peut-être que les siècles et les révolutions aient respectée.

Madrid, lorsque j'y arrivai, était tout occupé et préoccupé des débats de l'adresse en réponse au discours de la couronne, et une question brûlante — celle du Mexique — faisait tous les frais de cette discussion passionnée. Desireux de fuir un tumulte si peu favorable aux tranquilles études, et de trouver en même temps un climat plus doux (car vous savez que celui de la capitale de l'Espagne peut figurer à bon droit parmi les climats *excessifs* de Buffon), je me contentai de remettre les lettres d'introduction que j'avais emportées de Paris, de nouer quelques relations qui devaient m'être utiles lors de mon retour, et je pris sans tarder la route de Lisbonne.

IV.

Il faut connaître l'antipathie profonde et inexplicable qui divise deux peuples d'origine latine, pour ne pas être surpris de la difficulté des rares communications qui de tout temps ont existé entre la capitale de la monarchie espagnole et celle du Portugal.

La route qui se dirige vers Badajoz, par Talavera de la Reyna, n'est achevée que jusqu'à Trujillo. Au delà de ce point, elle s'égare sans tracé fixe, ou du moins unique, sur le flanc de montagnes escarpées, à travers les plaines sablonneuses de l'Estrémadure souvent couvertes par les eaux lors de la saison pluvieuse, et toujours creusées de profondes ornières. Le seul moyen, ou du moins le plus rapide et le meilleur, de franchir les 373 kilomètres qui séparent Madrid de la frontière portugaise, c'est de profiter de la voiture (*silla correo*) qui porte les dépêches. Bientôt une ligne

de fer, en construction, fera disparaître les lenteurs et
la fatigue de ce long voyage, et portera la circulation,
c'est-à-dire la vie, dans des régions jusqu'alors inac-
cessibles au touriste.

Mais je laisse de côté des détails d'itinéraire que
vous trouverez tout au long dans l'excellent *Guide* de
M. Germond de Lavigne. Franchissons donc, si vous
le voulez bien, ce noble Tage si souvent célébré par les
poëtes, et entrons à Lisbonne, dans cette belle ville
dont le sol extrêmement inégal et montueux porte encore les traces de la catastrophe qui engloutit, le 1ᵉʳ no
vembre 1755, quarante mille de ses habitants. Au
milieu des cruelles épreuves qui furent la conséquence
de ce désastre, il restait à la cité en ruines un chef,
un ministre d'une rare énergie, qui dans son infatiga.
ble activité entreprit de la relever, et osa tenter la gué-
rison de blessures qui paraissaient sans remède. J'ai
nommé l'illustre marquis de Pombal que les petits-fils
reconnaissants des victimes appellent le *grand marquis*, et aux restes vénérés duquel ils rendaient encore,
il y a quelques années, des honneurs presque royaux.

Le Portugal compte parmi ses enfants des hommes
voués à l'étude des sciences géographiques, et des
compagnies savantes avec lesquelles notre Société est
en rapports incessants et réguliers. J'y reçus, vous

n'en serez pas surpris, Messieurs, l'accueil le plus sympathique, et je puis dire que depuis l'humble employé des bibliothèques jusqu'au jeune souverain qui préside aux destinées de ce beau pays, tout le monde s'empressa de me venir en aide dans l'accomplissement de la tâche qui m'avait été confiée.

Les établissements scientifiques qui me promettaient la plus ample moisson de renseignements inédits, sont dans l'ordre de leur importance :

Les Archives du royaume ;

La Bibliothèque publique ;

Celle de l'Académie royale des sciences ;

Et les Archives d'Outre-Mer (*o Archivo de Ultramar*). — Quelques mots de chacun de ces établissements.

V.

Les Archives du royaume (*o Archivo real* ou *do Tombo*), dont on fait remonter l'origine au 11 avril 1390, existaient déjà sous le règne de D. João Ier dans la tour du château fortifié de Lisbonne, appelée *do Tombo* (littéralement : *tour du Registre*), parce qu'on y conservait les registres des dépenses de la couronne en même temps que les trésors du roi (1). Lors du tremblement de terre, ce précieux dépôt fut préservé de la destruction par le dévouement du conservateur (*guarda-mór*), Manoel da Maya. En 1757, il fut transporté dans le couvent de *San-Bento*, dont il occupe — toujours sous le même nom — les longues galeries voûtées et les étroites cellules.

Notre regrettable et savant collègue, le vicomte de Santarem, est mort avec le titre et le traitement d'archiviste de la *Torre do Tombo*, dont il avait été remis en possession le 30 mars 1842. Le 2 décembre suivant, il reçut le titre de chroniqueur (*chronista*).

Il faudrait plusieurs volumes pour faire une énumération même sommaire des richesses que contiennen ces Archives célèbres dont l'histoire a été écrite par J. Pedro Ribeiro (2). A cet immense dépôt de papiers d'État, concernant toutes les branches de l'administration, sont venues s'ajouter, en 1835, les archives des couvents supprimés, celles des corporations religieuses et de certains tribunaux exceptionnels abolis,

(1) *O livro dos Tombos da Corôa*, ou *Proprios da Corôa*.

(2) *Memorias authenticas para a historia do real Archivo, colligidas pelo primeiro Lente de diplomatica o Desembargador João Pedro Ribeiro. Lisboa*, 1819.

parmi lesquels je citerai la *Mesa de consciencia e Ordems.*

Cette collection, qui s'accroît incessamment, renferme aujourd'hui plus de 20,000 liasses (*maços*), et chaque liasse se compose de plusieurs centaines de documents. L'Inquisition seule a fourni les pièces de 40,000 procès, c'est-à-dire les éléments les plus précieux pour écrire l'histoire de cette institution néfaste, et une mine inépuisable pour les romanciers et les faiseurs de mélodrames.

Quelques ouvrages manuscrits ont une grande valeur bibliographique ou historique : tel est l'Atlas de Fernão Vaz Dourado : telle est la Bible célèbre du couvent de Belem, dite *dos Jeronymos*, que le duc d'Abrantès (Junot) avait rapportée en France, et qui fut restituée au Portugal à l'époque de nos revers.

Lorsque le marquis de Pombal eut décidé la suppression de l'Ordre des Jésuites, ce fut dans ces Archives qu'il fit réunir les documents à la charge de la compagnie, dont il publia plus tard la plus grande partie comme pièces à l'appui de l'ouvrage (1) dont on

---

(1) *Deducção chronologica e analitica e petição de recurso do doutor Joseph de Scabra da Sylva ; et Provas de Deducção chronologica.* Parte Iª et IIª, Lisboa, 1768, in-18.

lui attribue généralement la paternité. Ils furent renfermés dans des armoires qui reçurent de cette desti-
nation spéciale le nom d'*Armario jesuitico*. L'*Armario*
existe toujours, mais il a singulièrement perdu de son
importance. Depuis la mort du *grand marquis*, le
Portugal a traversé bien des révolutions ; des gouver-
nements de tendances très-opposées ont présidé à ses
destinées, et vous apprendrez sans étonnement, Messieurs, la soustraction d'un grand nombre de documents que les partis politiques avaient intérêt à faire
disparaître. Cependant j'ai passé en revue ceux qui
restent ; et ce travail long et fatiguant, tant à cause
de leur mauvais état de conservation, que du caractère
particulier de l'écriture portugaise, à cette époque, n'a
pas été infructueux.

VI.

« L'ancienne bibliothèque royale avait été détruite
par le tremblement de terre du 1ᵉʳ novembre 1755.
Une collection de livres rassemblés au palais, au mois
de mai 1775, devint le noyau d'une nouvelle bibliothèque royale qui fut définitivement installée, en 1796,
dans les bâtiments du couvent de San-Francisco, où

elle se trouve encore sous le nom de *Bibliothèque publique.*

» En octobre 1853, cet établissement renfermait 132,000 volumes, sans compter les ouvrages, — au nombre de 800,000, dit-on. — provenant des couvents supprimés en 1835.

» Je laisse de côté les imprimés, et parmi les 10,000 manuscrits qu'il contient, je choisis ceux dont j'ai fait l'analyse.

» Sous ce titre : *Papiers concernant la remise de la Colonie du Saint-Sacrement,* et avec cette annotation pleine d'attraits pour un chercheur «*raros e particulares* », j'ai trouvé des documents d'un très-haut intérêt sur la longue guerre Hispano-portugaise, suscitée par la fondation de la Colonia en face de la ville de Buenos-Ayres, et par la contrebande à laquelle prenaient part les Anglais; sur le siége de cette place et la coopération des Indiens des Missions qui y perdirent leur P. Procureur. Cette collection comprend 13 pièces sur ces différentes matières, et une relation de toutes les opérations de la guerre de 1735 (in-fol.).

» Dans un volume d'un format plus petit, intitulé : *Journal de la marche que fit l'armée portugaise combinée avec celle de S. M. C. pour l'évacuation des sept Missions de l'Uruguay (Diario da segunda mar-*

*cha que fizemos com o nosso exercito portuguez auxi-
liando o de S. M. Catholica, para a evacuação das
sete Missões...*), on trouve un récit très-circonstancié
de la campagne de 1755-56. Ce journal anonyme,
mais dû, je crois, à un officier du rang de colonel, est
tenu jour par jour, et relate avec l'exactitude la plus
scrupuleuse la marche des deux armées. Il éclaire d'une
vive lumière une foule de points restés obscurs dans
l'histoire de cette longue expédition d'ailleurs peu
connue.

» Après avoir présenté le tableau de la composition
des forces alliées, l'auteur raconte tous les combats ; —
il donne le nombre des morts et des blessés dans les
deux camps ; — il énumère les ressources des Indiens,
et donne des détails sur leur artillerie, en confirmant
ce que certains historiens ont contesté, à savoir que les
rebelles avaient eux-mêmes fabriqué leurs canons à
l'aide des procédés mis en usage dans les premières
années qui suivirent l'invention de la poudre. Ce manuscrit contient encore la copie de papiers fort importants trouvés sur la personne d'un cacique tué par les
alliés. Ces documents établissent ou confirment la par-
ticipation des Jésuites dans le soulèvement des Missions cédées par le traité de 1750, traité contraire aux
intérêts de l'Espagne, et que cette puissance, éclairée

par l'opposition des Missionnaires, se hâta d'annuler par la convention de 1761.

» Enfin, le *Diario* décrit très-minutieusement l'église de Saint-Michel, capitale des sept Missions de la rive gauche de l'Uruguay. Ce monument remarquable de l'architecture jésuitique fut incendié quelques années plus tard, et j'en ai représenté les ruines dans une des planches de mon *Atlas*. J'ai extrait cette description afin de pouvoir la comparer à la mienne. J'ai fait d'ailleurs copier les passages principaux de ce manuscrit, avec l'intention de les offrir à la bibliothèque impériale, si vous les jugez dignes de figurer dans ses riches collections (1). »

VII.

La bibliothèque de l'Académie des sciences de Lisbonne n'est pas publique, mais une simple présenta-

(1) *Rapport à M. le Ministre d'État.* N° 2, Lisbonne, 17 février 1863. — On peut consulter pour plus de détails sur la *Bibliothèque publique*, un très-volumineux *Rapport* du 1ᵉʳ janvier 1844, par le bibliothécaire en chef, Dʳ José Feliciano de Castilho Barreto e Noronha. 4 vol. Lisboa, typographia lusitana.

tion suffit pour en ouvrir les portes. Elle renferme 50,000 volumes environ, qui proviennent en très-grande partie du couvent de Jésus dont elle occupe le vaste emplacement. Les manuscrits, peu nombreux (on en compte 833), sont inventoriés dans un catalogue ayant pour titre : *Catalogo dos manuscriptos da Livraria*, etc., *pertencente aos religiosos da terceira ordem da penitencia de N. P. S. Francisco*, 1826, 2 vol. in-fol. Les ouvrages y sont classés alphabétiquement, mais non par ordre de matières ou par noms d'auteurs, ce qui rend les recherches longues et difficiles.

» Les Archives d'Outre-Mer (*Archivo de Ultramar*) occupent une vaste salle située au-dessus des bureaux du ministère de la marine, dont elle font partie. Elles renferment, ainsi que leur nom l'indique, tous les papiers concernant les colonies. Là se trouvent réunis, avec ordre, les dépêches (*officios*) des vice-rois du Brésil; les rapports des présidents des provinces, adressés, soit à leur chef immédiat, soit au premier ministre; les propositions relatives aux opérations militaires, aux reconnaissances des rivières, aux travaux publics, etc., etc.

» La partie politique de ces rapports — je ne parle que de ceux qui concernent l'Amérique — signale à chaque instant des usurpations de territoire commises par les Espagnols, et s'efforce de démontrer la nécessité d'arrêter ces envahissements par la fondation de postes et d'établissements militaires. Elle fait, pour ainsi dire, jour par jour, l'historique des relations du Brésil avec ses voisins.

» ..... J'ai consulté avec fruit la correspondance des gouverneurs de la province de Saint-Paul, dont les dépendances s'étendent jusqu'aux confins du Paraguay. On sait la guerre acharnée que pendant plus d'un siècle les Paulistes, sous le nom de *Mamelucos*, firent aux établissements des Jésuites dont ils venaient enlever les habitants pour les envoyer travailler aux mines, ou les vendre comme esclaves sur les marchés de Rio et de Bahia (1). »

VIII.

Tous les documents relatifs à la géographie et à l'histoire des possessions transocéaniques du Portugal, ne sont pas renfermés dans les riches collections

____

(1) *Rapport à M. le Ministre d'État,* cité plus haut.

de sa capitale, et bon nombre des plus intéressants font partie de la bibliothèque d'Evora, chef-lieu de la province d'Alemtejo. Mais pour franchir les trente lieues qui séparent cette ville de Lisbonne, il faut s'armer de patience et se résigner à tous les moyens connus de locomotion : bateau à vapeur, chemin de fer, diligence, et chevauchement sur le plus humble des Solipèdes, sur l'âne, cette monture favorite des paysans portugais.

Les 2000 manuscrits de la bibliothèque publique d'Evora ont été catalogués en partie par M. da Cunha Rivara, et le 1ᵉʳ volume de ce travail plein d'érudition a paru en 1850 (1). Il contient l'indication bibliographique des pièces relatives à l'Amérique, et cette circonstance que je connaissais de longue date, a beaucoup facilité mes recherches.

Fondé en 1805 par l'archevêque Manoel do Cenaculo dans les dépendances de son palais, cet établissement renferme, sous le nom de *Musée*, une collection d'objets assez disparates ; quelques tableaux dont un est attribué à Van Dyck, des ivoires du moyen âge, et parmi plusieurs objets d'art, un émail dont l'histoire

____

(1) *Catalogo dos manuscriptos da bibliotheca Eborense.* Lisboa, in-4º.

ne me paraît pas dépourvue d'intérêt : je cède au désir de vous la raconter.

Cet émail, que je regarde comme un des beaux spécimens de l'art français à l'époque de la Renaissance, malgré la tradition qui lui assigne une origine byzantine, est un tryptique de Limoges. Sur la pièce centrale comme sur les pièces latérales qui s'appliquent en volets sur la première, sont représentées les scènes principales de la Passion du Christ. La monture est d'or massif; unie et sans ciselures.

Or, on lit dans une inscription latine collée sur le couvercle de la boîte qui renferme ce précieux calvaire, qu'il aurait appartenu au roi François Ier : pris dans ses bagages à la bataille de Pavie, ce serait un trophée de cette journée célèbre. Comment, à travers quelles vicissitudes, a-t-il passé des mains des Espagnols dans celles de l'archevêque d'Evora? C'est ce que la tradition ne fait pas connaître. Elle assure seulement que le docte prélat a refusé de cet émail des sommes considérables ; et cette fois, il est bien permis de la croire.

Encore un mot. Un pareil trophée est sans valeur historique pour le Portugal qui n'a pas eu la gloire de nous en dépouiller; il n'a qu'une valeur vénale, facile à apprécier celle-là ; et je vous demanderai, Messieurs,

avec l'espoir d'être entendu de notre honorable président, si haut placé dans les conseils du Prince, s'il n'y
aurait pas là matière à des négociations, à un échange
qui restituerait aux collections splendides du Louvre,
un joyau dont la place me paraît toute marquée dans
le *Musée des Souverains*.

IX.

Maintenant, quittons Lisbonne et transportons-nous
à Séville. Je ne vous dirai rien des origines et de l'histoire de la reine de l'Andalousie, qui de grecque est
devenue romaine, puis moresque, puis enfin chré-
tienne sous le règne glorieux du roi Saint-Ferdinand.
Je me souviens d'avoir rencontré quelque part un ouvrage en trois volumes, dans lequel l'auteur, contem-
porain de Philippe V, s'efforce de prouver que Séville
a été bâtie par Hercule en même temps que Cadix
qui a placé l'effigie du demi-dieu au-dessus de ses
cinq portes. Je suis peu tenté de l'imiter. Le temps est
heureusement passé, où pour expliquer l'origine des
cités, on faisait descendre de leur demeure céleste les
divinités de l'Olympe. De nos jours, les historiens se

préoccupent un peu moins de flatter, à l'aide de fabuleuses légendes, la puérile vanité des peuples.

Vous pourrez lire, longuement décrites, les merveilleuses beautés de sa cathédrale, de l'Alcazar, et de tant d'autres monuments ; et les pages qu'ont inspirées les chefs-d'œuvre du fondateur de l'école sévillannaise, l'immortel peintre Esteban Murillo. L'heure me presse, et je me bornerai à vous dire quelques mots de deux établissements, les Archives des Indes, et la Bibliothèque Colombine.

X.

C'est la Bourse (*casa lonja*), remarquable édifice gréco-romain, bâti par le célèbre architecte Herrera pour le commerce de Séville, à la fin du xvie siècle, qui a reçu le précieux dépôt des documents concernant les colonies Hispano-américaines. Les salles qui les renferment, spacieuses et aérées, occupent tout le premier étage du bâtiment qui a la forme d'un carré parfait. On y monte par un large escalier en marbres de couleur. Des voûtes épaisses mettent ces trésors à l'abri des atteintes du feu.

Vers 1784, Charles III ordonna la réunion de tous

les papiers relatifs aux affaires d'Amérique. Dans ce
but, on fouilla les riches archives de Simancas, la
bibliothèque de l'Escorial, les dépôts des différents ministères, et surtout celui de la Direction des colonies
(*Direccion de Ultramar*). Depuis cette époque, des
envois successifs et presque journaliers, rendent le
vaste espace consacré aux Archives des Indes de plus
en plus insuffisant. Aussi est-il grandement question
d'ajouter les salles du rez-de-chaussée à celles du
premier étage et de loger ailleurs les manieurs d'argent.

L'entrée des Archives n'est pas publique ; elles ne
s'ouvrent aux hommes d'étude que devant un ordre
royal délivré par la Direction des Colonies. Celui qui
me concernait, contenait — faveur spéciale — l'autori-
sation de faire des extraits des pièces, et au besoin
d'en prendre copie.

Ces pièces sont classées par Cours suprêmes (*Au-
diencias*) dans un catalogue général (*indice*), et divi-
sées pour chaque Cour, selon leur caractère séculier
ou ecclésiastique, en *Ramo secular*, et en *Ramo ecclesiastico*.

« Le premier comprend les actes de l'autorité admi-
nistrative, les ordonnances (*autos, bandos*) des vice-
rois et des gouverneurs, leurs rapports officiels, les
cédules royales, les délibérations des Municipalités

(*Cabildos*) ; le second (*ramo ecclesiastico*), les décisions de l'autorité diocésaine, la correspondance des
évêques et des chapitres avec le cabinet de Madrid et
les gouverneurs des provinces. Les papiers composent
des liasses soigneusement empaquetées et rangées avec
ordre sur des tablettes de bois de cèdre. Elles portent
en suscription l'année et la nature des affaires qu'elles
concernent, le plus souvent sans aucun résumé analytique.

» Le Paraguay, comme toutes les provinces Argen-
tines, ressortissait à l'Audience de Charcas. J'ai donc
commencé par relever dans le catalogue général de
cette cour suprême les numéros de toutes les liasses
concernant les provinces du Paraguay et des Missions,
et même celle de Buenos-Ayres, devenue en 1776 le
siége d'une vice-royauté dont l'autorité s'étendit dès
lors sur les deux autres. Un numéro correspond toujours à plusieurs liasses, et chaque liasse renferme
jusqu'à 50 pièces. Ce travail achevé, j'ai fait le dépouillement de celles qui, d'après leur titre ou par la
date de l'année à laquelle elles se rapportaient, me
promettaient des détails ou des éclaircissements sur
certains épisodes intéressants ou peu connus de l'histoire du pays. Trop souvent j'ai dû me contenter d'une
simple analyse ou d'un extrait, mais plusieurs docu-

ments m'ont paru assez importants pour mériter d'être
copiés en entier.....

» Un registre contenant les copies manuscrites des
cédules royales m'a fourni les moyens de rectifier les
dates souvent erronées des ordonnances relatives à
l'organisation, aux prérogatives et à la juridiction du
Conseil royal et suprême des Indes, de la *Casa de
Contratacion* et du *Consulado*, tribunaux institués, le
premier à Madrid, et les deux autres à Séville, dans les
premières années du xvie siècle, pour connaître des
affaires coloniales, et juger les différents qui surve-
naient entre les négociants autorisés à commercer avec
le Nouveau-Monde (1). »

Étudier ce qui touche aux relations commerciales
des peuples, c'est encore faire de la géographie, car la
science que vous cultivez, Messieurs, « a cessé d'être
cette nomenclature étroite, aride, que l'on enseignait
exclusivement à l'enfance, il y a peu d'années. Nulle
science plus vaste, car elle embrasse toutes les branches des sciences naturelles, ou du moins elle les ré-
sume toutes. La géographie est encore le plus puissant
auxiliaire de l'économie politique, puisqu'elle indique
la source des richesses dont cette dernière étudie le

(1) *Rapport à M. le Ministre d'État.* N° 4, Paris, 10 juin 1863.

développement, la mise en œuvre et la transforma-
tion. » Ces idées, que j'exprimais, il y déjà plusieurs
années, dans les limites restreintes d'une *Préface* (1),
ont été développées avec son talent habituel par un de
nos collègues les plus zélés, dans la séance générale
du 1ᵉʳ mai 1863 (2).

Enfin, on conserve précieusement enfermée dans une
armoire, et recouverte d'une double garde de maro-
quin rouge, une liasse de papiers du plus haut intérêt :
« C'est, dit excellemment un voyageur moderne, comme
le livre d'or de l'Amérique (3). » Avec quelle émotion
la main tourne ces précieux feuillets, ces pages déta-
chées de l'histoire du Nouveau-Monde, ou qui contien-
nent les épanchements intimes des grands hommes
qui en ont fait la conquête, depuis les conventions
arrêtées entre Colomb et les rois catholiques sous les
murs de Grenade, jusqu'à la lettre dans laquelle Ma-
gellan supplie son souverain de lui choisir une femme,
dont son âge, dit-il, lui permet encore de désirer la
société !

(1) *Histoire physique, économique et politique du Paraguay et des
Établissements des Jésuites,* t. I, INTRODUCTION, p. XVII.

(2) JULES DUVAL, *Des rapports entre la Géographie et l'Économie politique.* Bulletin de la Société, 1863.

(3) A. DE LATOUR, *Séville et l'Andalousie,* Paris, 1855, I, 112.

XI.

La Bibliothèque Colombine, dont le nom indique l'illustre origine, a été fondée par Hernando Colon, le fils aîné du grand amiral, qui légua tous ses livres au chapitre, avec une somme considérable pour leur entretien. Elle occupe à peu près tout entier le premier étage du bâtiment qui ferme du côté du nord le *patio* des orangers de la cathédrale. C'est là tout ce qui reste aujourd'hui de l'antique mosquée arabe. Plusieurs ouvrages portent de nombreuses annotations de la main du découvreur de l'Amérique et de son fils Hernando, qui, dans son amour pour la science, se mit en quête des livres rares, et dédaigna les richesses du Nouveau-Monde si ardemment convoitées par ses contemporains.

Mais il faut s'arracher à ces glorieux souvenirs, et marcher d'un pas rapide vers la capitale des Espagnes, en jetant à peine un coup d'œil de regret sur la mosquée de Cordoue et l'Alhambra de Grenade.

XII.

Les documents relatifs à la géographie américaine que renferme la riche bibliothèque de l'Académie de l'Histoire, à Madrid, composent presque exclusivement deux très-volumineuses collections : la *Coleccion Muñoz*, et la *Coleccion Mata Linares*.

Le premier de ces recueils a été formé à la fin du dernier siècle et dans les premières années de celui-ci, par **D.** Juan Bautista Muñoz, cosmographe-major des Indes, dont il avait été chargé par le roi d'écrire l'histoire. C'était pour pouvoir s'acquitter dignement de cette tâche difficile, que ce savant infatigable avait rassemblé une immense quantité de pièces presque toutes copiées de sa main dans les archives de Simancas, de Séville, dans les bibliothèques de Madrid, d'Evora, de Lisbonne et dans les dépôts des différents ministères des deux royaumes. Ces manuscrits, du plus haut intérêt historique, et soigneusement catalogués dans une table analytique, ne comprennent pas moins de 95 volumes in-fol., et de 32 vol. in-4°.

La collection *Mata Linares* est due à un amiral de ce nom, qui paraît avoir vécu longtemps dans l'Amérique

méridionale. Elle a été offerte à l'Académie de l'Histoire par le marquis del Socorro, l'un de ses descendants : elle se compose de 80 volumes in-fol. J'ajouterai que Navarrete a largement puisé dans ces deux
recueils pour l'ouvrage qu'il a publié sous le titre de
Voyages et Découvertes des Espagnols (1).

Je dois encore mentionner à la hâte la collection de
Mateos Murillo, et des liasses nombreuses classées
sous ce titre : *Papiers des Jésuites* (*Papeles de los
Jesuitas*), qui abondent en documents inédits sur les
Établissements de ces Pères au Paraguay.

Enfin, il fallut songer au retour; le terme de ma
Mission était expiré depuis six semaines. Je quittai
Madrid avec l'intention plutôt de reconnaître que de
fouiller les innombrables documents historiques enfouis dans les célèbres archives de Simancas. Un
accident, trop commun en Espagne, s'opposa à l'exécution de ce projet, et m'obligea à modifier mon
itinéraire. Après avoir traversé le Guadarrama, entre
l'Escorial et Valladolid, au milieu de la nuit, la voiture
qui nous emportait au galop de ses dix mules, heurta
contre une borne kilométrique, et fut violemment ren-

____

(1) *Coleccion de los Viages y Descubrimientos q* hicieron por mar
los Españoles.* 5 vol. gr. in-8°., **Madrid, 1825 à 1837.**

versée. Ce choc terrible la brisa. Cinq personnes furent blessées, et quoique une des moins maltraitées, je dus me hâter de rentrer en France pour y trouver les soins dont j'avais grand besoin.

XIII.

Mais je m'arrête, et je termine par ces lignes que j'emprunte à mon dernier *Rapport* à M. le Ministre d'Etat : « Les deux métropoles (l'Espagne et le Portugal), jalouses de leur autorité, n'en déléguaient qu'une partie aux représentants de la personne du roi dans les Indes, et administraient par elles-mêmes leurs possessions transatlantiques, au grand préjudice des intérêts des colons. Aussi la masse des papiers de toute nature accumulés par une correspondance de plusieurs siècles, est-elle, pour ainsi dire, effrayante. En attendant que la lumière se fasse dans ce chaos, et que des générations entières de chercheurs se consacrent au dépouillement et à l'étude de ces matériaux si précieux pour l'histoire du Nouveau-Monde, de longues années, des siècles, peut-être, s'écouleront (1). »

(1) *Rapport à M. le Ministre d'État*, N° 3, Paris, 14 juin 1863.

Vous voyez, Messieurs, quel haut intérêt présente ce vaste champ de recherches, encore si peu exploré. En présence d'une pareille tâche, je devais vous entretenir plutôt de la direction donnée à mes travaux que de leur résultat. A peine ai-je ouvert le sillon que plus tard, peut-être, il me sera permis de creuser plus profondément. Une année me sépare à peine de l'accident qui pouvait m'être fatal ; ses dernières traces n'ont pas encore disparu ; et j'aime à me transporter par la pensée dans les Archives de Séville. Car le voyageur est incorrigible, à peu près comme le buveur, et je me demande si l'on ne pourrait pas, avec quelque apparence de raison, ajouter au recueil de sentences un peu prétentieusement appelé la *Sagesse des nations*, ce proverbe géographique :

« Qui a voyagé, voyagera. »

EN COURS DE PUBLICATION :

HISTOIRE

PHYSIQUE, ÉCONOMIQUE ET POLITIQUE

DU PARAGUAY

ET

DES ÉTABLISSEMENTS DES JÉSUITES

PAR

L. ALFRED DEMERSAY

CHARGÉ D'UNE MISSION SCIENTIFIQUE DANS L'AMÉRIQUE MÉRIDIONALE,

DE LA COMMISSION CENTRALE DE LA SOCIÉTÉ DE GÉOGRAPHIE
DE L'INSTITUT HISTORIQUE DU BRÉSIL
DOCTEUR EN MÉDECINE, ETC.

OUVRAGE ACCOMPAGNÉ D'UN ATLAS,
DE PIÈCES JUSTIFICATIVES ET D'UNE BIBLIOGRAPHIE

PARIS. — Librairie HACHETTE et Cⁱᵉ, boulevard Saint-Germain, 77.

S O M M A I R E :

TOME PREMIER.

Iʳᵉ **Partie.** — GÉOGRAPHIE PHYSIQUE ET POLITIQUE. — Circonscription et limites. — Contestations territoriales. — Orographie. — Hydrographie. — Climatologie. — Règnes végétal et animal. — Ethnologie et population. — *Appendice :* Le Grand-Chaco.

TOME SECOND.

IIᵉ Partie. — PARTIE ÉCONOMIQUE. — Agriculture. — Industrie. — Commerce.
IIIᵉ Partie. — PARTIE HISTORIQUE. — Histoire générale du Paraguay.

La IVᵉ et dernière **Partie** contiendra l'Histoire et l'Archéologie des Missions Jésuitiques.

DU MÊME AUTEUR :

ÉTUDES ÉCONOMIQUES SUR L'AMÉRIQUE MÉRIDIONALE. Iʳᵉ Étude : **du Tabac du Paraguay,** Culture, Consommation et Commerce. **Rapport** adressé à MM. les Ministres de l'Instruction publique et des Finances, avec une lettre sur l'**Introduction du Tabac en France,** par M. Ferdinand Denis, conservateur à la bibliothèque Sainte-Geneviève ; des notes et deux gravures : gr. in-8°, Paris, 1851.

NOTICE SUR LA VIE ET LES TRAVAUX DE M. AIMÉ BON-PLAND, *correspondant de l'Institut et du Muséum d'histoire naturelle,* lue à l'Assemblée générale de la Société de géographie du 22 avril 1853, in-8°. (Extrait du *Bulletin de la Société.*)

Fragments d'un VOYAGE AU PARAGUAY, *exécuté par ordre du gouvernement.* **Considérations sur l'origine de la Population. Les Indiens Payaguàs.** Lus à l'Assemblée générale de la Société de géographie du 23 décembre 1853, in-8°. (Extrait du *Bulletin de la Société.*)

LE DOCTEUR FRANCIA, DICTATEUR DU PARAGUAY : **Sa vie et son gouvernement.** Br. in-4° à 2 col., Paris, 1856. (Extrait de la *Biographie universelle* (Michaud), 2ᵉ édition.)

L'HISTOIRE PHYSIQUE, ÉCONOMIQUE ET POLITIQUE DU PARAGUAY
ET DES ÉTABLISSEMENTS DES JÉSUITES se compose de

DEUX VOLUMES de texte, format grand in-8°, de 5 à 600 pages.

UN ATLAS contenant 18 planches teintées et deux cartes.

Il a été tiré un petit nombre d'exemplaires sur papier vélin.

L'ATLAS, imprimé sur colombier, sera publié en 5 livraisons.

Le TEXTE et l'ATLAS se vendent séparément.

PARIS. — IMPRIMERIE DE E. MARTINET, RUE MIGNON, 2.